MÉTHODE

CONCERTANTE

DE

MUSIQUE,

A PLUSIEURS PARTIES D'UNE DIFFICULTÉ GRADUELLE,

Qui peuvent s'exécuter ensemble ou séparément,
avec basse continue ad libitum,

A L'USAGE DES ÉLÈVES DE L'ÉCOLE NORMALE DE MUSIQUE;

Par M. A. CHORON,

Fondateur et Directeur de cette Ecole, auteur de plusieurs Ouvrages sur
la Musique.

PARTIES SÉPARÉES.
PREMIÈRE CLASSE.
Prix : 1 fr. 50 c.

A PARIS,

A l'Ecole normale de Musique, Cour de Rohan, près le carrefour de Bussy,
Faubourg St.-Germain.

1815.

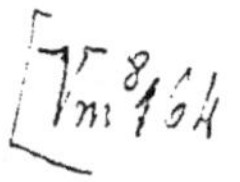

OBSERVATIONS.

Cette Méthode est une composition à plusieurs voix, dont les parties sont d'une difficulté graduelle et peuvent s'exécuter ensemble ou séparément. Prises successivement, elles offrent une suite de leçons d'une ordonnance et d'une graduation très-régulières ; exécutées simultanément, elles produisent un concert également agréable et instructif, d'où vient la qualification de *concertante* que nous avons donnée à cette Méthode.

Par une suite de cette disposition, un seul professeur peut, à l'aide de cet ouvrage, enseigner simultanément la Musique à un nombre quelconque d'élèves, quelque soit le degré d'avancement de chacun d'eux : il suffit de les partager en autant de classes que la Méthode a de parties, et de donner à chacun une partie d'une difficulté relative à son degré d'avancement.

Les élèves ainsi enseignés, apprennent mieux et plus facilement que par la méthode ordinaire, 1°. parce que la graduation, beaucoup mieux observée, rend leurs progrès plus sûrs en même temps qu'elle les rend plus faciles ; 2°. parce que la simultanéité d'exécution les assujétit à une justesse d'intonation, à une précision de mesure que la méthode ordinaire n'exige point et qu'elle ne peut d'ailleurs faire acquérir, tandis que celle-ci les y ramène par le sentiment de l'ensemble et l'impression de l'harmonie dont elle leur fait contracter l'habitude. Aussi a-t-on déjà remarqué que les élèves instruits par ce procédé sont à cet égard plus avancés au bout de quelques leçons, qu'ils ne le sont après plusieurs années par la méthode vulgaire.

L'œuvre complet est composé de six articles, qui comprennent la partition, les parties séparées et les principes élémentaires. Pour la commodité des acquéreurs, on vendra tous ces objets ensemble ou séparément, à leur choix.

MÉTHODE CONCERTANTE
De Musique.

PREMIÈRE CLASSE
Intonation: une Note par Mesure.

1.º GENRE DIATONIQUE
Modes Primitifs.

Échelles, Intervalles naturels.

Modes Modernes.

Mesure à deux Temps.

9.

10

11

11 *

12

13

14

15
16
17
17. *
18
19
19 *
alla breve.

20
21
22
23
23 *
alla br.
24
25
25 *
26
27

6
33
34
34
35
36
37
38
38.bis.
39

MODES ANTIQUES

Autrement dits Modes Ecclésiastiques, Tons de l'Eglise, Tons du Plain-Chant &c.

8
45
5. Læ - ta - mi - ni cum Je - ru - sa -
lem et e - xul - ta - te in e - â, om -
nes qui di - li - gi - tis e - am in æ - ter - num.
46
6. Pu - er Je - sus pro - fi - ci - e - bat
æ - ta - te et sa - pi - en - ti - a
co - ram De - o et ho - mi - ni - bus.
47
7. Om - nes si - ti - en - tes ve - ni -
te ad a - quas: quæ - ri - te do - mi -
num dum in - ve - ni - ri po - test al - le - lu - ia.
48
8. Ju - cun - da - re, fi - li - a si - on
et e - xul - ta sa - tis fi - li - a
Je - ru - sa - lem, al - le - lu - ia.
49
9. A - ve Ma - ri - a, gra - ti -
a ple - na; Do - mi - nus te
cum be - ne - dic - ta tu in
mu - li - e - ri - bus al - le - lu - ia.

50

10.ᵉ Le - va - te ca - pi - ta ves -
tra ; ec - ce ap - pro - pin

51

quat re - dem pti - o ves - tra .
11.ᵉ Ec - ce jam ve - nit ple - ni -
tu - do tem - po - ris in quo
mi - sit De - us fi - li -
um su - um in ter - ris .

52

12.ᵉ Do - mi - num De - um tu -
um a - do - ra - bis et il
li so - li ser - vi - es .

53

13.ᵉ Nos qui vi - vi - mus be
ne - di - ci - mus do - mi - no .

54

14. Hæc di - es quam fe - cit
Do - mi - nus e - xul -
te - - mus et lae -
te - mur in e a

MODES TRANSPOSÉS

Intervalles altérés : Modulations ordinaires .

Ordre des Quintes ascendantes (Par les Dièses .)

Mesure à trois temps .

11

62

63

64

65

66

67

68

12

69

70

ORDRE DE QUINTES DESCENDANTES (Par les Bémols.)

Mesure à Quatre temps.

71

72

73

74

75

EXERCICES SUR LES SEPT CLEFS

Passage d'un Mode Majeur dans tous les Modes Majeurs

Selon l'ordre des Quintes ascendantes.

Selon l'ordre des Quintes descendantes.

Passage d'un Mode Majeur dans tous les Modes Mineurs.

Selon l'ordre des Quintes ascendantes

Selon l'ordre des Quintes descendantes.

PASSAGE D'UN MODE MINEUR DANS TOUS LES MODES MINEURS.

Selon l'ordre des Quintes ascendantes.

Selon l'ordre des Quintes descendantes.

PASSAGE D'UN MODE MINEUR DANS TOUS LES MODES MAJEURS.

Selon l'ordre des Quintes ascendantes.

Selon l'ordre des Quintes descendantes.

II.º GENRE CHROMATIQUE.

III.º GENRE ENHARMONIQUE.

MODULATIONS ENHARMONIQUES.

CATALOGUE
DES OUVRAGES DE MUSIQUE
COMPOSÉS OU PUBLIÉS
Par M^r. Alex.^{dre} CHORON,

Qui composent son fonds et son assortiment, et se trouvent, chez lui, en son Institution normale de Musique, place d'Assas, faubourg St.-Germain. A Paris.

TRAITÉS DE MUSIQUE.

Solfèges ; Méthodes de chant, d'instrumens , etc.

Solfège harmonique , offrant une série méthodique d'exercices d'harmonie à quatre voix, pour un maître et ses élèves, par M. A. *Choron* ; un vol. in-8°. nom de Jésus (format de guit.). Prix 12 fr.

Ce Solfège comprend la série entière des exemples d'un cours d'harmonie disposées à quatre parties pour une voix de tenor, qui est la voix ordinaire des professeurs , et pour les voix de contralto, premier et second dessus, qui sont les voix ordinaires des élèves. Ces leçons, écrites en notes d'une mesure ou d'un temps tout au plus , sont si faciles, que les élèves peuvent les exécuter dès qu'ils connaissent leurs premières intonations. Cet exercice a l'avantage de perfectionner en eux le sentiment de l'intonation, et de leur en donner une plus sûre et plus exacte ; de faire naître en eux le goût de l'harmonie, et de les accoutumer à en bien rendre les effets. De son côté, le maître trouve, dans cette sorte d'enseignement qu'il donne à ses élèves , le moyen de faire un cours expérimental de cette science , dans lequel il en apprend les principes et l'usage que l'on en fait pour placer, soit l'harmonie sur la basse, soit la basse avec son harmonie sous un chant.

Cet ouvrage paraîtra au mois de janvier 1818.

Méthode concertante de musique à plusieurs parties d'une difficulté graduelle, qui peuvent s'exécuter ensemble ou séparément, avec basse continue *ad libitum* , par M. *Choron.*

Cette méthode est une composition à quatre voix, dont les parties forment une suite de leçons qui va en croissant de difficulté depuis les premiers degrés jusques aux degrés les plus élevés. La première partie a unique-ment pour objet l'intonation ; elle présente une série de cent cinquante leçons, en notes d'une mesure entière, soit à deux, soit à trois, soit à quatre temps , renfermant tous les cas possibles de l'intonation ; la seconde partie est composée de notes d'un temps , formant duo parfait avec la première ; la troisième partie divise le temps en deux ou en trois, et forme trio avec les deux précédentes ; enfin, la quatrième divise à son tour en deux ou en trois la moitié ou le tiers du temps, et forme quatuor avec les trois autres. On conçoit qu'à ce moyen les parties vont en augmentant de difficulté ; car les difficultés qui naissent de l'intonation étant les mêmes pour toutes les parties, celles qui ne proviennent que de la rapidité des valeurs, augmentent selon le degré de subdivision propre à chaque partie. Cette méthode forme donc évidemment , par la succession des parties, le solfège le mieux gradué que l'on puisse imaginer, et par leur simultanéité, elle produit un ensemble très-harmonieux.

L'avantage inappréciable qui résulte de cette disposition, c'est qu'un seul maître peut enseigner en même-temps un nombre quelconque d'élèves , quelque soit le degré d'avancement de chacun d'eux ; il lui suffit , pour cet effet, de les classer selon leur force, et de donner à chaque classe la partie dont la difficulté est proportionnée au degré d'habileté des élèves qui la composent : avantage bien précieux pour les écoles publiques de musique , pour les pensionnats et maisons d'éducation, où l'enseignement successif des élèves prend un temps considérable , et nuit autant à leurs progrès qu'au bon ordre de ces établissemens.

Les élèves, enseignés par cette méthode, apprennent mieux que par la méthode ordinaire : 1°. A raison de la graduation des objets ; 2°. à raison de la sévérité du style et du genre de la composition, qui est d'une nature telle, que les élèves ne peuvent point l'apprendre par cœur, ce qui les oblige à lire continuellement ; 3°. à raison enfin de la simultanéité d'exécution, qui les oblige rigoureusement à chanter juste et en mesure ;

objets sur lesquels ils se négligent ordinairement dans l'enseignement vulgaire.

Cette méthode, gravée en partition, in-8°, nom de Jésus (format de guitare), paraît par livraisons de cinq feuilles de huit pages chaque. Il y aura huit livraisons ; les quatre premières sont en vente : le prix de chaque livraison est de 3 fr.

Pour la commodité des commençans et l'usage des petites écoles, on vend séparément la partie de la première classe, 2 fr. 25 c.

SOLFÈGE OU LEÇONS ÉLÉMENTAIRES DE MUSIQUE, en canons, avec la basse continue *ad libitum*, par le P. L. Ant. Sabbatini, maître de chapelle de l'église cathédrale de Saint-Antoine de Padoue.

Ce joli solfège peut remplacer celui de Rodolphe et autres du même genre, auxquels il est très-supérieur.

Un vol. in-8°., nom de Jésus (format de guitare). Prix 9 fr.

SOLFÈGE A PLUSIEURS VOIX, par Cristoforo Caresana, organiste de la chapelle du roi, à Naples; op. 1ª., un vol. in-8°. nom de Jésus (format de guitare), 12 fr.

Ces excellentes leçons, à deux et trois voix, sont très-utiles pour la connaissance des clefs.

Traités et Méthodes de composition.

PRINCIPES DE COMPOSITION DES ÉCOLES D'ITALIE, recueillis et publiés par M. A. *Choron.*

Ce grand ouvrage, le plus important qui ait été publié en musique, est, depuis 1808, époque de sa publication, reçu comme classique dans toute l'Europe. Il forme un corps entier de doctrine, composé de la réunion de plusieurs excellens ouvrages, notamment le *Grand Traité de Sala*, *Regole del Contrappunto Prattico*, avec les partimens de cet auteur, et les deux *Traités de la Fugue et du Contrepoint* du P. Martini ; celui de Marpurg sur le même objet ; avec un grand nombre de préceptes et d'exemples dans tous les genres de musique vocale et instrumentale d'église, de chambre et de théâtre, choisis dans les chef-d'œuvres des plus grands-maîtres. M. Choron a établi, dans tous ces matériaux, l'ordre et la liaison, et fourni tous les supplémens nécessaires. Cet ouvrage est distribué en six livres, comme il suit :

Livre I. Harmonie et accompagnement. — Livre II. Contrepoint simple.—Livre III. Contrepoints conditionnels ou doubles. — Livre IV. De l'Imitation et de la Fugue. — Livre V. Canons. — Livre VI. Des styles ou genres de musique. — Iᵉʳ. appendice, théorie-physico-mathématique de la musique.—2ᵉ. appendice, l'histoire de la musique.

Le tout formant environ quinze cents planches en six volumes, 180 fr.

TRAITÉS PARTICULIERS,
Extraits du précédent ouvrage.

ABRÉGÉ DES PRINCIPES DE COMPOSITION DES ÉCOLES D'ITALIE, formant un cours complet d'harmonie et de composition. Cet abrégé renferme tout le texte et un choix de modèles extraits des principes de composition ; il contient cinq cents planch. en deux vol. 60 fr.

RÈGLES DU CONTREPOINT PRATIQUE, par N. Sala, ouvrage classique, imprimé à Naples en 1794, aux frais du roi des Deux-Siciles; traduit de l'italien, et augmenté de la collection des partimenti ou basses chiffrées du même auteur, et des trio de Caresana, six cents planch. en deux volumes, 72 fr.

On vendra séparément les partimenti de Sala 24 fr.

TRAITÉ DE LA FUGUE ET DU CONTREPOINT, par Marpurg, nouvelle édition, mise en meilleur ordre, éclaircie en divers endroits, augmentée d'un *Traité du Contrepoint simple*, traduit de l'allemand du même auteur, et d'un nouveau précis de l'histoire de la musique, par M. *Choron*, 36 fr.

~~~~~~~~~~~~~~~~~

MÉTHODE D'HARMONIE ET D'ACCOMPAGNEMENT contenant les principes généraux d'harmonie, suivis de l'exposition des règles et procédés nécessaires pour apprendre à placer l'harmonie sur la basse, et à mettre la basse avec l'harmonie sous le chant, avec un très-grand nombre d'exemples choisis dans les meilleurs auteurs, par M. *Choron.*

Cet ouvrage, entièrement neuf pour le fonds et pour la forme, offre la meilleure introduction à l'étude de la composition ; il contient la substance de tout ce qui a été écrit sur l'harmonie et l'accompagnement, présenté avec beaucoup d'ordre, de précision et de clarté.

Deux vol. in-8°, l'un de texte, l'autre d'exemples ; prix 9 fr.

Sous presse, pour paraître au mois d'octobre 1817.

***MÉTHODE PRATIQUE D'ACCOMPAGNEMENT**, contenant un grand nombre d'exercices pour faire acquérir l'habitude de l'accompagnement ; par M. *Choron.* Prix 7 fr. 50 c.

***MÉTHODE ÉLÉMENTAIRE DE COMPOSITION**, par J. G. Albrechtsberger, organiste de la cour de Vienne, maître de chapelle de l'église cathédrale de cette ville, traduit de l'allemand par M. *Choron*; deux vol. in-8°., l'un pour le texte, l'autre pour les exemples ; prix 12 fr. (*Article de librairie*).

Ce petit ouvrage est très-estimé en Allemagne, où il remplace aujourd'hui, pour l'étude de la facture moderne, le *Traité de Fux*, qui ne peut plus servir que pour l'étude de la facture ancienne.

LE MUSICIEN PRATIQUE, ou Leçons qui conduisent les élèves dans l'étude de l'harmonie et du contrepoint, en leur enseignant à composer correctement toute espèce de musique, par Azopardi, maître de chapelle à Malte ; nouvelle édition, mise en ordre par M. *Choron*; deux vol. in-8°. ; prix 12 fr. (*Article de librairie*).

***RAPPORT FAIT A LA CLASSE DES BEAUX-ARTS DE L'INSTITUT ROYAL DE FRANCE** sur l'ouvrage de M. Scoppa, intitulé : *des Vrais Principes de la Versification, etc.*; un vol. in-4°. ; prix 3 fr. (*Article de librairie*).

***DICTIONNAIRE HISTORIQUE DES MUSICIENS**, deux vol. in-8°. ; prix 16 fr. (*Article de librairie*).
~~~~~~~~~~~~~~~~~

ŒUVRES DE MUSIQUE.

BIBLIOTHÈQUE PORTATIVE DE MUSIQUE CLASSIQUE.

Le but de cette collection est de mettre entre les mains des amateurs et des artistes, un choix des chefs-d'œuvres de musique en tout genre, dans un format convenable aux bibliothèques, et commode pour l'étude. Les ouvrages qui la composent paraissent par livraisons de cinq feuilles de huit pages chaque feuille.

Le prix de chaque livraison est de 3 fr.

Les ouvrages publiés jusqu'à ce jour, sont les suivans :

Nᵒ. 1. Solfège de Sabbatini, trois livraisons, 9 fr.

Nᵒ. 2. Solfège de Caresana, op. 1ᵉʳ., quatre livraisons, 12 fr.

Nᵒ. 3. Duetti o sia madrigali a due voci del signor abbati Giov. B. C. M. CLARI, maestro di capella della per insigne collegiata di Pistoia. Cet ouvrage aura huit livraisons : la première est en vente.

SALUT DU TRÈS-SAINT-SACREMENT, contenant les strophes et antiennes en l'honneur du Saint-Sacrement et de la Sainte-Vierge et autres prières notées dans les Saluts, mises en musique à trois voix égales, d'une exécution facile et agréable, à l'usage des cathédrales, des paroisses, des pensionnats et maisons d'éducation, par M. *Choron* ; un vol. in-8º. ; prix 3 fr.

Ce recueil comprend sept pièces, savoir:

1. O salutaris. 2. Monstra te esse matrem. 3. Da pacem. 4. Ave verum. 5. Domine salvum. 6. Inviolata. 7. Tantùm ergo.

Ces pièces sont d'un chant agréable et si facile, qu'elles peuvent être exécutées par les élèves les moins avancés.

LIVRE CHORAL DE PARIS, contenant le chant des principaux offices de l'église, selon le rit du diocèse de Paris, écrit en plain-chant, à quatre parties, pour premier et second dessus, tenor et basse, notés en plain-chant, par M. *Choron.*

Nᵒ. 1. Messe des annuels et des grands solemnels ; prix 2 fr.

* **QUATORZE RECUEILS DE ROMANCES**, avec accompagnemens de forte-piano, par M. *Choron.*

Parmi ces romances, plusieurs ont eu un succès général, telles sont *la Sentinelle, Jmogine* et *Alonzo*, etc.

Prix de chaque recueil, 3 fr.

— de chaque romance, 1 fr. 5o.

Les mêmes, pour guitare ; prix de chaque romance, 5o c.

* **MÉTHODE POUR APPRENDRE EN MÊME TEMPS A LIRE ET A ÉCRIRE.**

Cette méthode, imaginée il y a quelques années par M. Choron, est celle qui a été en dernier lieu adoptée, au moyen de quelques modifications, pour servir à l'enseignement public dans les écoles élémentaires dites de Lancaster.

Prix 2 fr.

OBSERVATION.

M. CHORON a fondé et dirige une École, à laquelle il a donné le nom D'ÉCOLE NORMALE DE MUSIQUE.

Cette École, établie pour l'avancement de la théorie et le perfectionnement des méthodes d'enseignement des diverses parties de la musique, offrira les objets suivans :

1º. Une École primaire de musique, où les Élèves apprennent en même temps à lire et à écrire la musique, à chanter à plusieurs parties, dans le style le plus sévère, à jouer des instrumens, etc.

2º. Une classe d'harmonie et d'accompagnement sur le forte-piano.

3º. Une classe de composition.

4º. Une classe de théorie musicale et d'histoire de l'art.

5º. Un pensionnat pour les personnes destinées à cultiver spécialement la musique. Dans ce pensionnat, les Élèves n'apprennent pas seulement la musique, ils y reçoivent encore l'instruction morale et religieuse ; ils y étudient les belles-lettres, les langues anciennes et modernes, le dessin, les mathématiques, et tous les objets qui concourent à former une bonne éducation. Tous ces objets sont enseignés par des méthodes perfectionnées, qui, en accélérant les progrès des Élèves, produisent en même temps des résultats plus avantageux.

Le Gouvernement, voulant encourager la formation de cet Etablissement, a fondé dans le pensionnat dont il est parlé ci-dessus, plusieurs bourses pour l'éducation *gratuite* d'Élèves qui réuniraient à une très-belle voix d'heureuses dispositions pour la musique. Ces Élèves seront entretenus aux frais de Sa Majesté, et leur éducation terminée, il sera pourvu à leur état et à leur avancement. Les personnes qui auraient des enfans à présenter, ou qui desireraient de plus amples renseignemens, sont invitées à s'adresser à M. CHORON, Directeur, à l'école, place d'Assas, nº. 72, près le Luxembourg, faubourg St.-Germain.

www.ingramcontent.com/pod-product-compliance
Lightning Source LLC
LaVergne TN
LVHW012151170726
843503LV00009B/4111